rhetorical X ratatoui

101 Blagues Qui Font Un Tabac

Par

Serge Bouchard

Édité par Yvan C. Goudard

Copyright © 2013 Rhetorical Ratatouille

Tous droits réservés

ISBN : 1490318410
ISBN-13 : 978-1490318417

TABLE DES MATIÈRES

PRÉFACE	Pg 05
101 BLAGUES	Pg 07
A PROPOS DE L'AUTEUR	Pg 135

PRÉFACE

On ne rigole pas tous les jours, mais on devrait !

Juifs, blondes, police, Arabes, gendarmerie, politiciens, Belges, Parisiens … tout y passe ! Les curés ne sont pas oubliés non plus ! Voila 101 blagues qui ne manqueront pas de vous donner du bon temps, et de vous donner l'occasion de donner du bon temps à vos copains de bistrot ou de classe (qui vous trouveront instantanément plus intéressant et indispensable).

Cet ouvrage, à défaut de vous rendre plus intelligent, vous rendra toujours plus marrant !

VACANCES

Une mite se balade sur un pull. Elle rencontre une autre mite et elle lui demande :

« Dis l'amie mite, tu pars en vacances cette année ? »

Et l'autre lui réponds :

« Oui je me suis trouvée un petit trou dans la manche. »

SOIF

Une poule croise une autre poule :

« Tu viens, on va prendre un ver ? »

POTEAU

Deux chiens se promènent dans la rue. L'un dit :

« Ils viennent d'installer de nouveaux lampadaires dans le quartier. »

L'autre lui répond :

« Ca s'arrose ! »

PUNITION

Toto demande à la maîtresse :

« Maîtresse, on peut être puni pour quelque chose qu'on n'a pas fait ? »

« Bien sûr que non ! »

« Ouf ! Tant mieux parce que j'ai pas fait mon devoir de maths! »

CACHE-CACHE

Trois steaks hachés se promènent dans la forêt. Soudain, l'un d'entre eux disparait.

Les deux autres se mettent à sa recherche quand tout-à-coup un deuxième steak haché disparait à son tour.

Le steak, paniqué, se met a les appeler et a chercher de partout, quand soudain il entend un rire étouffé derrière des buissons.

Il va voir de plus prêt et que voit-il ? Les deux steaks hachés!! Etonné, il leur demande :

« Mais que faites vous là ? »

Et eux de répondre :

« Ben, on s' steak hachés ! »

ANNIF

Le médecin demande à Laura, une jolie blonde :

« Quel est votre date de naissance ? »

« Le 04 décembre »

« Oui, mais quelle année ? »

« Ben… chaque année !!! »

ZODIAQUE

C'est une blonde qui sort de chez le médecin.

« Zut, je ne me rappelle plus si le docteur m'a dit Capricorne ou Balance ! Je vais être obligée de retourner le voir. »

De retour au cabinet médical, elle demande :

« Docteur, vous m'avez dit Capricorne ou Balance ? »

Le médecin lui répond :

« Cancer madame, Cancer. »

DIFFICULTÉS PASSAGÈRES

Un chauffeur de car vient d´être chargé d'emmener un groupe de paraplégiques en excursion. Il prépare donc son car. Il enlève les sièges et prépare les fixations pour emmener les fauteuils roulants en toute sécurité. Le jour dit, il fait monter les passagers et les installe. Il démarre et roule doucement pour ne pas prendre de risques. Mais très vite, ses passagers se mettent à chanter :

« Chauffeur, si t'es champion, appuie, appuie… »

Le chauffeur, appuie sur le champignon. Quelques minutes plus tard, les paraplégiques se mettent à chanter :

« Chauffeur, si t'es champion, appuie, appuie… »

Le chauffeur accélère encore un peu plus. Quelques minutes plus tard, les passagers se remettent à chanter :

« Chauffeur, si t'es champion, appuie, appuie… »

Cette fois, il accélère plus fort, et au virage suivant, se prend de plein fouet un platane. Alors ses passagers se mettent à chanter :

« Il est des nôoootres… »

MORTEL

C'est un type qui croise un de ses copains dans la rue.

« Tiens, Albert, ça va ? »

« Ben, figure-toi que ma belle-mère est morte, la semaine dernière… »

« Oh merde ! Qu'est-ce qu'elle avait ? »

« Bof, trois fois rien : une table, un buffet… »

RAT

Un pêcheur explique à un Parisien en vacances :

« Vous savez, hier il y a eu une tempête et le port en a souffert. La jetée a été entièrement détruite par un raz-de-marée ! »

Et le Parisien répond :

« Ah bon ! Jamais je n'aurais pensé qu'un rat puisse faire tant de dégâts ! »

NOM DE DIEU

Un vieux Juif meurt et rencontre Dieu en arrivant au paradis. Il fait le bilan de sa vie :

« La pire chose qui me soit arrivée, c'est quand mon fils s'est converti au catholicisme, » dit-il.

« Moi aussi ça m'est arrivé… » lui répond Dieu.

« Et qu'est-ce que vous avez fait ? »

« Un nouveau testament… »

BONNE NUIT

Dans une petite ville de province, un représentant de commerce avait décidé de faire étape pour la nuit. Malheureusement pour lui, il n'y avait qu'un seul hôtel et toutes les chambres étaient réservées.

Le représentant insiste alors auprès de l'aubergiste:

« Vous devez me trouver une place pour dormir, même un lit n'importe où, je suis complètement vanné! »

L'aubergiste lui répond:

« Ben, j'ai bien une chambre avec deux lits qui n'est occupée que par une personne… et je suis sûr que cette personne serait ravie de partager sa chambre ainsi que le prix de sa chambre avec vous… mais pour tout vous dire, cet homme est un ronfleur de la pire espèce. À tel point que ses voisins des chambres à côté viennent se plaindre ici tous les matins. Bref, c'est vous qui voyez. »

« Pas de problème, je prends la chambre. Je suis trop crevé ! »

L'aubergiste fait faire connaissance aux deux locataires de la chambre et les laisse prendre leur repas du soir.

Le lendemain matin, le représentant descend prendre le petit déjeuner, et contrairement à ce que pensait l'aubergiste, il a l'œil vif et semble en pleine forme et bien reposé. L'aubergiste lui demande :

« Vous avez réussi à dormir ? »

« Oui sans problème. »

« Les ronflements ne vous ont pas gêné ? »

« Pas du tout : il n'a pas ronflé de la nuit. »

« Comment cela ? »

« Eh bien, l'homme était déjà au lit quand je suis rentré dans la chambre. Alors je me suis approché de son lit et j'ai déposé un baiser sur ses fesses en disant 'Bonne nuit ma beauté'… et le gars a passé le reste de la nuit assis sur son lit à me surveiller ! »

HISTOIRE DE MERDE

Un jeune ingénieur fraichement diplômé se retrouve dans le train assis à côté d'une petite fille.

L'ingénieur dit à la petite fille:

« Il paraît que les voyages passent beaucoup plus vite si on parle avec quelqu'un. »

La petite fille le regarde et dit:

« D' accord, de quoi voulez vous qu'on parle ? »

L' homme fanfaronne:

« Et si on parlait de physique nucléaire? »

La petite fille lui répond:

« D'accord, mais avant, écoutez-moi bien. Un chevreuil, une vache et un cheval mangent tous de l'herbe. Pourtant le chevreuil fait de petites crottes, la vache fait des bouses plates et le cheval de grosses boules. Comment expliquez-vous cela? »

L'ingénieur pantois, réfléchit un instant puis doit avouer:

« Ma foi, je ne saurais l'expliquer. »

Alors, maline, la petite fille lui dit:

« Comment voulez-vous que je vous explique la physique nucléaire si vous ne maîtrisez même pas un petit problème de merde ? »

NOUNOURS

Une femme rencontre un très bel homme dans un bar.

Ils parlent, ils se plaisent, ils partent ensemble.

Ils arrivent chez lui, et il lui fait visiter son appartement.

Elle remarque que sa chambre est remplie de petits nounours. Une centaine de petites peluches sur des étagères qui font toute la largeur du mur. Les tout petits oursons sur l'étagère du bas, les ours moyens, bien rangés sur l'étagère du milieu, et les immensément grandes peluches sur l'étagère du haut.

La femme est surprise de voir que cet homme, viril, a une aussi grande collection d'ours en peluche ; elle ne montre pas son étonnement, mais elle est émue par la sensibilité de cet homme.

Elle se retourne vers lui … ils s'embrassent … ils s'arrachent leurs vêtements et font l'amour passionnément.

Après une nuit intense en ébats et en émotions, ils restent couchés là avec l'esprit un peu dans le brouillard, la femme se retourne dans le lit et lui demande en souriant :

« Alors, heureux ? »

Et l'homme lui répond :

« Oui, ça peut aller … tu peux choisir un lot sur l'étagère du bas. »

CHASSE D'O

C'est Bébert qui va à la chasse, et après 20 minute il tue un ours. Il sent une tape sur son épaule, il se retourne et là il voit un ours brun qui lui dit :

« T'as tué un de mes frères ; soit je te sodomise, soit je te tue. »

Bébert ne veut pas se faire sodomiser mais comme il veut pas mourir il se laisse faire. Il reste 2 mois à l'hôpital, et dés qu'il sort il va directement à la chasse. Il revoit l'ours brun qui lui a fait tant de mal, et BIM... il le tue !

Tout à coup il ressent une tape sur son épaule, il se retourne et voit un grizzli qui lui dit :

« T'as tué un de mes frères ; soit je te sodomise, soit je te tue. »

Bébert ne veut toujours pas se faire sodomiser mais comme il tient toujours à la vie, il se laisse faire. Il reste 6 mois à l'hôpital, et dés qu'il sort il retourne à la chasse.

Il voit le grizzli qui lui a fait tant de mal, et BIM... il le tue ! Tout à coup il sent une tape sur son épaule et se retourne. Là il voit un ours qui lui dit :

« Oh Bébert, toi tu ne viens pas là que pour la chasse, hein ? »

EXAMEN DE FRANÇAIS

Réponses d'élèves de primaire à un examen de français :

1 Dans la phrase « Le voleur a volé les pommes » où est le sujet ?
Réponse : « En prison »

2 Le futur de « je baille » est ?
Réponse : « je dors »

3 Que veux dire l'eau potable ?
Réponse : « C'est celle que l'on peut mettre dans un pot »

4 Qu'est-ce qu'est un oiseau migrateur ?
Réponse : « C'est celui qui ne peut que se gratter la moitié du dos »

5 Quoi faire la nuit pour éviter les moustiques ?
Réponse : « Il faut dormir avec un mousquetaire »

6 À quoi sert la peau de la vache ?
Réponse : « Elle sert à garder la vache ensemble »

7 Pourquoi le chat a-t-il quatre pattes ?
Réponse : « Les deux de devant sont pour courir, les deux de derrière pour freiner »

8 Quand dit-on « chevaux » ?
Réponse : « Quand il y a plusieurs chevals »

9 Qui a été le premier colon en Amérique ?
Réponse : « Christophe »

10 Complétez les phrases suivantes :

À la fin les soldats en ont assez…
- d'être tués.

Je me réveille et à ma grande surprise…
- je suis encore vivant.

La nuit tombée…
- le renard s'approcha à pas de loup.

11 L'institutrice demande : Quand je dis « je suis belle » quel temps est-ce ?
- Le passé, madame.

12 Pourquoi les requins vivent-ils dans l'eau salée ?
Réponse : « Parce que dans l'eau poivrée, ils tousseraient tout le temps »

FAUT PAS POUSSER

Un touriste à Ajaccio prend contact avec l'autochtone :

« C'est un bien beau pays que vous habitez là. »

« Ouais… on peut dire comme ça. »

« Et de la belle terre… bien grasse… fertile. »

« Peu ! pensez-vous…y a rien qui pousse ici. »

« Vous me surprenez. Je suis moi-même agriculteur sur le continent et je suis sûr qu'ici, si on plante … »

« Ah ben évidemment, si on plante, alors … »

SUPER

C'est une femme qui va dans un club installé au haut d'un building. Le club est branché et la musique est bonne. Elle s'assoit au bar à côté d'un mec qui boit une bière. Ils nouent conversation et au bout d'un moment le mec lui dit :

« La bière ici est vraiment très spéciale, elle est magique et pratiquement personne ne le remarque !!! »

« Ah vraiment ? »

« Tout a fait. Quand on en boit au moins 2, on peut faire des trucs extraordinaires. »

La femme le regarde, l'air incrédule. Alors il lui dit:

« D'accord, je vous le prouve. »

Alors il avale deux bières l'une après l'autre, se lève de sa chaise, ouvre la fenêtre, se met a voler, fait le tour du quartier et revient s'asseoir a sa place. Il regarde la femme en disant :

« Alors ? Je vous l'avais bien dit ! »

La femme est abasourdie et ne comprend pas comment l'homme a pu faire ça. Persuadée de la véracité des pouvoirs de la bière, elle en commande deux sur le champ au barman, les boit l'une après l'autre, se précipite vers la fenêtre, saute, et s'écrase platement sur le trottoir.

C'est alors que le patron du bistrot se tourne vers le mec en l'engueulant :

« Putain ! Superman, t'es vraiment con quand tu bois !!! »

DOUBLE

Un ivrogne, tenant à peine sur ses jambes, s'affale sur le comptoir d'un bar de nuit parisien. Le seul autre client du bar, également en état d'ébriété, lui tape sur l'épaule et l'interpelle :

« Hé ! L'ami, de quelle ville es-tu ? »

Le premier répond :

« Je viens de Brest. Et à Brest, on sait boire ! »

L'interlocuteur sursaute :

« Pas vrai ? Sais-tu que moi aussi je suis de Brest ? Et quel âge as-tu? »

L'ivrogne réfléchit et lance :

« J'ai 29 ans, je suis du 18 février 1980 ! »

« Pas possible… moi aussi, du 18 février 1980 ! Eh ! L'ami, à quelle école as-tu donc été? »

Le premier prend de longues secondes pour finalement dire :

« A l'école Jean Jaurès. Ne me dis pas que toi aussi… »

« Eh ben si, figure-toi, Jean Jaurès aussi ! » précise l'autre avant de lancer à l'adresse du barman :

« Tournée générale en l'honneur de mon nouveau pote… »

A ce moment-là, un habitué entre dans le bar et demande au barman :

« Alors, quoi de neuf, patron ? »

L'homme derrière le comptoir :

« Pas grand chose, la routine : les jumeaux sont encore bourrés, comme d'habitude. »

PASTUS

Question : Quelle est la différence entre un 51 et un 69 ?

Réponse : Avec le Ricard, t'as le nez dans l'anis.

RETOURNÉES

Serge arrive au bar et quand le barman lui demande :

« Qu'est ce que vous buvez ? »

Il répond :

« Quand Serge boit tout le monde boit ! »

Le barman s'étonne de sa générosité, et sert boire à tout le monde. Une demi-heure plus tard Joe a fini son verre et dit :

« Quand Serge boit tout le monde boit! »

Le barman se dit :

« Vraiment généreux ! »

Il en remet une deuxième.

Plusieurs tournées se passent.

Le barman arrive près de Serge et lui dit :

« Il faudrait penser à payer parce que là, vous êtes à plus de 300 euros. »

Et Serge répond :

« Quand Serge paye, tout le monde paye ! »

COOL

Celui qui a inventé le bateau a inventé le naufrage.

POLITIQUE

La moitié des hommes politiques sont des bons à rien. Les autres sont prêts à tout.

Technocrates, c'est les mecs que, quand tu leur poses une question, une fois qu'ils ont fini de répondre, tu comprends plus la question que t'as posée !

La politique, c'est pas compliqué, il suffit d'avoir une bonne conscience, et pour cela il faut juste avoir une mauvaise mémoire !

Le plus dur pour les hommes politiques, c'est d'avoir la mémoire qu'il faut pour se souvenir de ce qu'il ne faut pas dire.

La dictature, c'est 'ferme ta gueule' et la démocratie c'est 'cause toujours'.

Ca fait beaucoup marrer les gens de voir qu'on peut se moquer de la politique, alors que, dans l'ensemble, c'est surtout la politique qui se moque de nous.

C'est pas dur la politique comme métier ! Tu fais cinq ans de droit et tout le reste c'est de travers.

DÉTENTE

Un gars est en train de pêcher tranquillement au bord de l'eau lorsqu'il sent la présence de quelqu'un derrière lui. Il se retourne et voit un petit vieux qui lui dit :

« Alors, on pêche ? »

« Ben oui, vous voyez, ça me détend un peu… »

Et le petit vieux fait demi-tour et s'éloigne.

Au bout d'un moment il entend à nouveau derrière lui :

« Alors, on pêche ? »

Toujours le même petit vieux !

« Ben oui, ça me change du stress de la vie parisienne vous voyez… »

Et le petit vieux fait demi-tour et s'éloigne. Un moment plus tard le gars entend à nouveau derrière lui, encore le même petit vieux :

« Alors, on pêche ? »

Là, le pêcheur craque :

« Ecoutez, ça fait trois fois que vous m'importunez, ça commence à bien faire. »

Il plie ses affaires de pêche, enfourche son vélo et attaque la grande côte qui mène au village sur la colline où il est en vacances. Arrivé presque en haut de la côte, alors qu'il est déjà en nage sous l'effort, il se retourne pour voir le chemin parcouru. Et là il aperçoit le petit vieux entrain de lui faire de grands signes.

« Tiens, se dit le gars, c'est curieux, peut-être ai-je oublié quelque chose en bas. »

Pris de doute, il fait demi-tour et redescend la côte qu'il avait eu tant de mal à monter. Arrivé en bas il s'arrête à côté du petit vieux qui lui fait :

« Alors, on fait du vélo ? »

TIR À LA CHASSE

Deux chasseurs avancent dans un bois quand soudain, l'un des deux s'effondre. Il ne bouge plus, ne respire plus. Son compagnon, pris de panique, sort son portable, appelle les urgences et hurle :

« Mon copain est tombé raide par terre; je crois qu'il est mort !!! Qu'est-ce que je dois faire docteur ??? »

Le médecin, à l'autre bout de la ligne, lui répond :

« Calmez-vous, Monsieur ! D'abord, êtes-vous sur-qu'il soit vraiment mort ?! »

Après un silence, le médecin entend un coup de feu et le chasseur lui dit :

« Bon, et maintenant, je fais quoi ???? »

CHOC

Un petit garçon manchot entre dans une pâtisserie et admire de délicieux chocolats fait maison qui ont l'air extrêmement appétissant.

Les yeux remplis de gourmandise, l'eau lui montant déjà à la bouche, le petit garçon demande a la caissière :
« Madame, s'il vous plait, pourriez vous me donner trois de ces chocolats-là ? »

La caissière lui répond toute attendrie :
« Mais sers toi donc mon gentil petit garçon, prends donc ceux qui te plaisent le plus ! »

Et le petit de rétorquer :
« Mais madame, vous voyez bien que je n'ai pas de bras ! »

La caissière fronce les sourcil et lui dit :
« Ah ! Dans ce cas, pas de bras, pas de chocolat ! »

20 ANS

Au bout de 20 ans, trois copains se retrouvent. Le premier dit :

« Ma femme a une taille de guêpe et tous les soirs, je la pique, je la pique… »

Le deuxième :

« Moi, ma femme a une taille de sauterelle, et tous les soirs, je la saute, je la saute… »

Le troisième :

« Moi, ma femme a une taille d'éléphant, et tous les soirs, je la trompe, je la trompe… »

PIPE-LINE

Après une soirée, un gars ramène sa copine, Giselle, chez elle, dans un quartier très huppé.

Ils sont à la veille de s'embrasser pour se dire bonne nuit devant la porte d'entrée, lorsque le gars commence à se sentir excité.

Avec un air confiant, il se penche vers elle en souriant, une main accolée sur le mur, et lui dit :

« Chérie, me ferais-tu une pipe ? »

Horrifiée, elle répond :

« Es-tu malade ? Mes parents pourraient nous voir ! »

« Oh alleeez ! Qui va nous voir à cette heure ? » demande-t-il d'une voix déjà haletante.

« Non, s'il te plaît. Imagines-tu si on se fait prendre ? La fille du juge local se doit d'être exemplaire ! »

« Oooh alleeez! Il n'y a personne aux alentours, ils dorment tous. »

« P-A-S Q-U-E-S-T-I-O-N. C'est trop risqué ! »

« Oooh s'il te plaît!, s'il te plaiiiiit, je t'aime tellement ? ! ? »

« Non, non, et non. Je t'aime aussi, mais je ne peux pas ! »

« Je t'en suppliiiiiiiiie… »

« Donnes-moi une seule bonne raison, » dit-elle.

Le jeune homme se lance alors dans une argumentation passionnée de dix bonnes minutes sur les besoins et pulsions masculines, d'une voix de plus en plus rauque.

Soudain, la lumière dans l'escalier s'allume, et la petite soeur de la jeune fille apparaît en pyjama, les cheveux en bataille, les yeux bouffis, et leur annonce d'une voix endormie :

« Papa m'a dit de te dire soit tu lui fait sa pipe, soit c'est moi qui lui fait sa pipe. En cas de besoin, maman dit qu'elle peut descendre elle-même et la lui faire. Mais par pitié, dis-lui d'enlever sa main de l'interphone… »

POPOLITIQUE

Sarkozy et Strauss Kahn sont dans les toilettes de l'Elysée en train d'uriner côte à côte.

Sarkozy se penche un peu et regarde le sexe de Strauss Kahn : Enorme !!!!

- « Dominique… comment as-tu fait pour avoir un sexe si gros, c'est de naissance ou quoi ? »

« Écoute Nico, si tu veux en avoir une pareille, il te suffit de la cogner partout où tu peux, plusieurs fois par jour ; sur les murs, sur la rampe d'escalier, sur la table… tu verras, ça marche… »

Alors l'ancien président rentre chez lui, il sort son machin et commence à le cogner partout ; sur la table du salon, sur les murs, sur la rampe de l'escalier en montant à chambre… Et là, il entend la voix douce, et langoureuse de Carla qui dit :

« Dominique !! Dépêche-toi !!! Le petit ne devrait pas tarder à rentrer !!! »

BRAQUE

Une vache et un citron veulent braquer une banque.

Le citron dit :

« Plus un zeste ! »

Et la vache ajoute :

« On ne bouse plus ! »

PRÉCOCE

« Moi, mon bébé, ça fait trois mois qu'il marche ! »

« Waouh ! Il doit être loin maintenant ! »

APNÉE JUVÉNILE

Lui :

« Mon frère cadet, ça fait deux ans qu'il vit dans le Rhône. »

Elle :

« Ah ! Et comment il fait pour respirer ? »

ESSAYE TOUJOURS

Une femme entre dans un magasin. Elle demande à la vendeuse :

« Mademoiselle, je voudrais essayer cette robe-là dans la vitrine. »

Et la vendeuse lui répond :

« Mais enfin madame, vous n'y songez pas ! Que diraient les gens qui passent dans la rue ? »

SÉCU

Dans le bâtiment de la sécurité sociale, un petit garçon demande à sa maman :

« Dis maman, combien y a de personnes qui travaillent ici ? »

« A peu près la moitié, mon chéri. »

BLAGUE AU DOIGT

Un jour, ma femme m'appelle furieuse sur mon GSM :

« Alors, vieux soûlard, où es-tu encore ? »

« Te souviens-tu de cette bijouterie où, il y a très longtemps, tu avais repéré une superbe bague sertie de diamants. Tu en étais tombée amoureuse et je t'avais dit 'Un jour elle sera à toi'. A cette époque je n'avais pas assez d'argent pour te l'offrir… »

Ma femme émue, presque en sanglotant me dit :

« Oh oui, mon amour, je me souviens… »

« Eh bien, je suis dans le bistrot, juste à côté !!!! »

ATCHOUM

Staline fait un discours. Tout à coup, dans la salle, quelqu'un éternue.

« Qui a éternué ? » demande Staline.

Silence.

« Qu'on fusille le 1er rang ! » ordonne Staline.

Des applaudissements nourris saluent l'exécution.

Staline réitère sa question, sans obtenir plus de réponse, et le 2ème rang est fusillé sous des ovations prolongées.

Quand Staline pose la question pour la 3ème fois, un homme tremblant se lève et avoue :

« C'est moi camarade Staline, c'est moi qui ai éternué. »

« Et bien, à tes souhaits, camarade ! » lui répond Staline.

POLIT(IQU)ESSE

Le Président de la République est en visite officielle à l'étranger. Le soir, au dîner de gala, il fait discrètement passer un billet à l'ambassadeur de France sur lequel il a écrit :

« Savez vous qui est le monsieur à cheveux blancs assis en face du Premier Ministre ? »

Le papier revient avec cette réponse :

« Oui. »

Furieux, le Président renvoie le billet sur lequel il a inscrit d'une plume rageuse :

« Oui, qui ? »

Et le papier revient à nouveau :

« Oui, Monsieur le Président. »

ANTI-VIRUS

Bush et Blair sont en grande discussion lorsque Chirac arrive.

« Vous semblez très occupés, chers collègues… »

« On est en train de préparer la troisième guerre mondiale. »

« On n'a pas encore décidé les détails, mais le but est d'exterminer 14 millions de musulmans et un informaticien. »

« Un informaticien ? Pourquoi voulez-vous exterminer un informaticien? »

Blair regarde Bush :

« Tu vois ce que je disais ? Personne ne nous posera de questions sur les 14 millions de musulmans !!! »

APPEL MANQUÉ

Un employé d'une grande entreprise prend le téléphone et dit :

« Ma poule ! Prend ton joli petit cul et monte-moi un café et un croissant, et plus vite que ça grosse cochonne !!! »

De l'autre côté du téléphone, une voix très masculine répond :

« Espèce de con, tu t'es trompé de numéro. Sais-tu à qui tu parles ??? Avec le directeur-général, espèce d'imbécile ! »

Et l'autre lui dit :

« Et toi, idiot, tu sais à qui tu parles ??? »

Le directeur rétorque :

« Euh, non… »

Alors l'employé s'esclaffe :

« Ouf !!! » et il raccroche…

MAMAN

C'est le jour de la rentrée dans une école primaire. La maîtresse demande aux élèves de se présenter.

« David, qu'est ce que qu'elle fait ta maman ? »

« Ma maman, elle est puéricultrice. »

« Très bien. Et toi, William, que fait ta maman ? »

« Ma maman, elle est morte. »

« Oh, pardon, William, mais je… je voulais dire, que faisait-elle avant ? »

« Avant, elle faisait AAR… ARHHH… ARGGHH. »

MARI AGÉ

Deux copines discutent, une blonde et une brune.

La blonde :

« J'ai été mariée trois fois. »

La brune :

« Des enfants ? »

La blonde :

« Non, des adultes ! »

EN CHEVRETTE

Un mec s'égare dans une forêt, mais tombe heureusement sur une maison au beau milieu des bois. Il est accueilli par un fermier qui lui offre le gîte et le couvert.

Le lendemain matin, le mec se lève après une merveilleuse nuit, et s'en va retrouver le paysan qui est déjà en train de travailler dans se ferme :

« Bonjour cher monsieur, j'ai passé une excellent nuit chez vous et j'aimerai vous remercier pour votre hospitalité. »

Le souci, c'est que je n'ai pas mon portefeuille avec moi !

« C'est pas grave mon gars ! Nous, à la campagne on partage avec les gens qui ont des problèmes ! »

« Par contre, je suis artiste, je suis ventriloque, et je peux vous faire une petite démonstration. »

Le mec s'approche d'une poule et lui dit :

« Bonjour madame la poule ! Vous allez bien ? »

La Poule :

« Ca va très bien ! Bon, c'est vrai que tous les matins le fermier vient me voler mes oeufs mais autrement je vais bien ? »

Le paysan halluciné :

« Nom di diou !!! Y fait causer les poules ? »

« Pas seulement les poules, regardez ! »

Il s'approche d'une vache :

« Bonjour madame la vache ! Vous allez bien ? »

La Vache :

« Ca va très bien ! Bon, c'est vrai que tous les matins et tous les soirs le fermier vient me voler mon lait mais autrement je vais bien ? »

« Crénom di Diou !!! Y fait causer les vaches aussi ? »

Le mec :

« Vous savez, je peux faire ça avec tous les animaux, regardez ! »

Il s'approche d'une chèvre :

« Comment allez vous Madame la chèvre ? »

Alors le fermier tout affolé s'écrie :

« Non ! Faut pas l'écouter ! C'est une sale menteuse ! »

ELÉPHANT

A l'âge de 20 ans, un britannique nommé Harry Smith, fit un voyage dans une réserve au Kenya avec ses parents. Lors d'une excursion dans la brousse, le jeune Harry s'éloigna du groupe. Alors qu'il explorait la savane autour de la zone où le véhicule de ses parents était arrêté, il entendit geindre. Il s'approcha et trouva un jeune éléphanteau qui semblait avoir une patte abîmée. Le pachyderme maintenait sa patte avant droite levée et il ne bougeait plus.

Le jeune Harry savait que l'animal pouvait le charger et le tuer d'un geste, mais il prit le risque de s'approcher. L'éléphanteau ne bougeait pas. Ne semblant pas agressif, Harry Smith approcha prudemment. Il le caressa, et observa qu'un morceau de bois était planté dans sa cuisse.

Harry, lui parla doucement et lui expliqua qu'il allait l'aider et lui retirer l'objet de sa douleur. L'Anglais se mit à genou, sortit son couteau et retira le pic en bois. L'animal attendit patiemment, reposa sa patte. Le jeune éléphant fit quelques pas, se retourna, puis regarda longuement son sauveur. Il revint vers Harry, posa sa trompe sur le jeune homme puis repartit vers la savane.

Cet instant fut marqué à jamais dans le souvenir de Harry Smith. Il avait sauvé l'animal et avait établi une relation forte, quasi amicale, avec un animal sauvage.

Il raconta pendant de nombreuses années ce moment rare et magique.

20 années plus tard, Harry Smith emmena son fils âgé de 10 ans, au zoo de Londres.

Il raconta une nouvelle fois son histoire au petit Tom. Le jeune enfant avait les lieux brillants et demanda d'aller voir l'enclos des éléphants. Les deux arrivèrent vers l'enclos, et, alors que tout semblait calme, l'un des animaux se mit à barrir bruyamment et à taper violemment sur le sol avec sa patte avant droite, en regardant les deux individus, puis leva sa patte avant droite et regarda Harry droit dans les yeux.

Smith se mit à douter. Serait-ce possible que cet animal fût celui qu'il avait sauvé dans la savane 20 années auparavant ?

Harry s'approcha. L'animal continuait à le fixer en barrissant de plus belle. Harry enjamba la barrière d'enceinte et se dirigea droit vers l'animal.

Ce dernier le saisit avec sa trompe par la taille, le fracassa ensuite contre un arbre et le piétina frénétiquement.

Apres réflexion, il semblerait que ce n'était pas le même éléphant.

SACS

Un crocodile croise un chien :

« Bonjour, sac à puces ! »

Le chien répond :

« Bonjour, sac à main ! »

QUOI?

On ne dit pas « Les grenouilles coassaient » mais « C'est quoi les grenouilles ? »

GÉNÉREUX

Un sans abris fait la manche dans la rue lorsqu'il accoste un homme à la sortie de son travail.

« Une p'tite pièce pour manger s'il vous plait ! »

L'homme, généreux, sort son portefeuille et prend un billet de vingt euros.

« Si je vous donne cet argent, vous n'allez pas vous précipiter pour acheter de l'alcool ? »

« Ah non ! Je vous jure que non. J'ai arrêté de boire il y a des années. »

« Bien. Et vous n'allez pas courrir pour aller voir les putes ? »

« Avec vingt euros, j'irai pas loin. Et puis j'ai pas envie d'attraper des maladies. Non. C'est pour manger. »

« Excellent ! Et vous n'allez pas essayer d'aller voir un match de foot par hasard ? »

« Ben non ! J'vois pas pourquoi j'irai voir un match alors que j'ai déjà pas de quoi manger à ma faim. »

L'homme range le billet.

« Ecoutez ! Au lieu de vous donner ce billet, je vais vous inviter à manger à la maison. Je vais prévenir ma femme. »

Le SDF, pas très emballé :

« Euh ? n'en faites rien. Je ne peux quand même pas me présenter dans cette tenue chez vous. Mes fringues sont dégueulasses et je pue à dix mètres. Je ne peux vraiment pas faire ça à votre dame. »

« Si ! C'est parfait justement. J'aimerai lui montrer à quoi ressemble un homme qui a arrêté le foot, l'alcool et les femmes. »

DENTISTE

Un homme se rend chez le dentiste pour se faire arracher une dent :

« Docteur, combien ça va me coûter ? »

« 150 euros. »

« 150 euros ! Pour dix minutes de travail même pas ! »

« Si vous le souhaitez, je peux aller très lentement. »

RÉVEIL

Une mère entre dans la chambre de son fiston :

« Jacques, réveilles toi ! »

« Non maman. »

« Il faut que tu te réveilles pour aller au lycée. »

« J'veux pas y aller. »

« Allons ! Ne fait pas l'enfant. Réveilles toi ! »

« Nan. Ils sont tous méchants là bas. Je veux pas y aller. »

« Allons ! Réveilles toi ! Tu es quand même le proviseur. »

ZIVA

Minuit, un type hurle en bas d'une HLM. Il s'adresse à l'un de ses potes au 6ème étage :

« Ehh ! Nono ? Jette moi un oinj... Ehh, Nono... un oinj ! »

Nono ne répond pas, il insiste :

« Ehh, Nono, ziva, Donne moi un oinj !!!! »

Au quatrième étage, la fenêtre s'ouvre et Monsieur Lévy intervient :

« S'il vous plait, silence! C'est Kippour !! »

Et l'autre :

« Ziva c'est pour oim ! »

THAI FINE

Une jeune mariée, cadre supérieur, part en séminaire de formation de trois semaines en Thaïlande.

Pendant le voyage vers l'aéroport, la femme heureuse de partir, demande à son mari :

« Chéri, que veux tu que je te ramène de là bas ? »

« Mmmm? une petite Thaïlandaise, ce serait le pied … »

La femme un peu agacée ne rétorque pas.

Trois semaines plus tard, le mari vient la chercher à l'aéroport.

« Alors mon amour, c'était bien ton voyage ? »

« Génial ! Merci. »

Puis le mari, le sourire aux lèvres, demande :

« Et mon petit cadeau ? Tu y as pensé ? La Thaïlandaise ! »

« Je n'ai pensé qu'à ça mon amour, mais tu sais chéri, il faut attendre neuf mois maintenant pour savoir si ce sera une fille ! »

PARKING

Un homme élégant rentre dans une banque :

« Bonjour monsieur que puis-je pour vous ? »

« Je voudrais vous emprunter 3000 euros car mon avion privé décolle dans deux heures et j'ai besoin de liquide. »

« Oui mais nous ne vous connaissons pas. Que pouvez-vous fournir comme garantie ? »

« Ma Ferrari est garée devant la porte. Vous pouvez la prendre en gage. »

« Bon c'est d'accord. Nous disons donc 3000 euros au taux annuel de 15 %. Cela vous convient ? »

« Parfaitement »

Un mois plus tard l'homme revient.

« Bonjour. Je viens vous rembourser. »

« Donc un mois de prêt sur 3000 euros à 15 % annuel, vous nous devez 3037,5 euros. »

« Tenez ! »

« Puis-je vous demander pourquoi vous nous empruntez 3000 euros alors que vous semblez bénéficier de larges moyens financiers ? »

« Vous connaissez beaucoup de garages qui m'auraient gardé ma Ferrari un mois pour 37,5 euros ? »

MIGRAINES

Un homme chez le médecin :

« Docteur, j'ai des migraines pas possibles. »

« A part de l'aspirine, je ne vois pas ce que je peux faire pour vous si ce n'est ce remède : A chaque fois que j'ai mal à la tête, je rentre chez moi et je fais l'amour à ma femme. Ca passe à tous les coups. »

« Merci docteur. »

Deux mois passent. Le patient retourne voir le docteur.

« Docteur, il est génial votre remède contre la migraine. Ca marche vraiment bien. »

« Merci. Bon c'est pas très médical mais il n'y a que le résultat qui compte. »

« Au passage je tenais à vous dire que vous avez un chouette appartement. »

DÉLICIEUX

A la fin du repas, E.T. dit à sa mère :

« Ils étaient extras tes restes ! »

FORTUNE

Une petite fille révise ses devoirs et soudain elle demande à sa grand-mère :

« Mamie, c'est vrai que la fortune vient en dormant ? »

« Ca dépend avec qui ma p'tite fille. »

FUMEUX

Un homme rentre plus tôt que prévu chez lui.

Il trouve sa femme au lit (à 4 heure de l'après midi) et un cigare fume dans le cendrier.

L'homme, furieux, demande à sa femme :

« D'où vient ce cigare ? »

« … »

« Tu vas me répondre ?! D'où vient ce cigare ! »

« … »

« Je te le demande une dernière fois. »

Une voix s'élève de dessous le lit :

« Il vient de la havane. »

AMOUR

« J'ai rencontré une femme d'enfer mais sa famille s'oppose à notre amour. »

« Ah bon ? qui dans sa famille ? »

« Son mari et ses deux enfants ! »

GLACIAL

Un gamin entre en trombe dans la maison familiale

« Papa, papa ! »

« Oui mon chéri. »

« Tu peux me donner deux euros pour un pauvre type qui crie dans la rue ? »

Le père, touché par la générosité de son fils, prend son porte monnaie et sort une pièce de 2 euros.

« Et que crie t-il ce monsieur ? »

« Glaces : 2 euros ! »

FRAISES

Un homme se rend chez le dentiste.

Au moment ou le docteur s'approche avec la fraise en rotation, il s'arrête net.

« Monsieur? Vous êtes entrain de tenir mes testicules. »

« Je sais. Nous allons donc tous les deux faire très attention de ne pas nous faire mal. »

ENCEINTE

Un salarié arrive à la bourre à son travail.

Son chef de service le grille :

« Dites donc. C'est à cette heure ci que l'on arrive au travail maintenant ? »

« Je suis désolé mais c'est parce que ma femme va avoir un bébé. »

« Ah ! Et c'est prévu pour quand ? »

« Neuf mois »

CON SIGNES

Calogero Vizzini, le parrain de la mafia sicilienne, s'est fait voler deux millions de dollars par l'un de ses lieutenants : luis Corréro, dit le muet (car il l'était réellement).

Luis, s'est fait prendre et il est présenté à Calogéro. Celui-ci s'est adjoint les services de tonton Bontadé qui parle le langage des signes.

Calogero :

« Luis, tu m'as profondément déçu. »

Luis, par l'intermédiaire du traducteur :

« Excuse-moi Calogéro. J'ai merdé. »

« Luis, ce n'est pas pardonnable ce que tu as fais. »

« Je sais Calogéro. »

« Luis, si tu restitues immédiatement l'argent et que tu t'exiles loin de la Sicile, je suis prêt à passer l'éponge. Sinon, je te ferais massacrer par mes hommes et tu mourras très lentement. »

Luis commence sérieusement à paniquer. Il dit avec des signes :

« L'argent est planqué dans une valise qui est à la consigne de la gare dans le casier 412. »

Calogéro se tourne vers tonton Bontadé :

« Que dit-il ? »

« Il dit que vous n'avez pas de couilles et que vous n'oserez jamais l'exécuter. »

BEN VOYONS !

Le gérant d'un magasin de vêtements vient de prendre à l'essai un vendeur. Cela fait quelques jours mais il se demande si ce vendeur est à la hauteur.

« Ecoutez, je dois m'absenter cette après midi. Vous voyez ces deux costumes. Celui qui a les rayures violettes et l'autre qui a les carrés jaunes. Ils sont invendables. Même en solde ! Si vous arrivez à en vendre l'un des deux, vous êtes embauché définitivement.

« Pas de problème monsieur. »

En fin d'après midi le gérant revient au magasin.

« Alors ? Vous avez réussit à en vendre ? »

« Sans aucun problème. »

« Ah bon ? Vous en avez vendu un ? »

« Non non. Les deux ? »

« Les deux ! Vous avez trouvé deux clients pour ces costumes hideux ! »

« Non. Je les ai vendus à la même personne. »

« Vous avez réussit à le convaincre ! »

« Sans problème. Mais j'ai bien cru que son chien allait me mordre. »

NOUILLE YORK

Ca se passe au port de la Rochelle. Une jeune femme regarde un bateau s'éloigner. Elle sanglote !

Un marin passant par là lui demande :

« Pourquoi pleurez-vous mademoiselle ? »

« J'ai tellement envie d'aller à New York qu'à chaque fois qu'un bateau part, ça me fait pleurer. »

« Faut pas pleurer comme ça. (le marin réfléchit). Mon bateau part ce soir pour New York. Si vous voulez je vous fais monter à bord et je vous cache dans une chaloupe. Tous les soirs je vous apporterai à manger … en contrepartie il faudra être très gentille avec moi et me faire de petites gâteries. »

La jeune femme réfléchie et accepte.

Le soir elle embarque. Pendant 10 jours le marin lui apporte à manger et fait sa petite affaire.

Le onzième jour, le commandant de bord qui se promenait sur le pont entend du bruit dans la chaloupe et découvre la passagère clandestine.

« Mais ?! Que faites-vous ici ? »

« S'il vous plait ne me dénoncez pas aux autorités américaines. J'ai tellement envie de voir New York ! »

« Qu'est ce que vous me racontez ?! Vous êtes sur le bac de l'ile de ré ! »

FOUILLE

Une femme d'allure bourgeoise se promène dans une rue déserte lorsque surgit un voyou.

« Ton argent ! »

« J'en ai pas ! »

« Ton argent je te dis. »

« J'en ai pas. Vous pouvez vérifier »

Alors le voyou se met à chercher partout. Les poches, sous la jupe, dans les chaussures, dans le soutien-gorge.

« Vous voyez bien que je n'ai pas un centime. Mais si vous continuez comme ça, je vous fais un chèque. »

CULOTTÉE

Une gamine rentre de l'école et dit à sa mère.

« A l'école les garçons ils ont mis le ballon dans l'arbre et ils m'ont demandé d'aller le chercher. »

La maman excédée :

« Je t'ai déjà expliqué qu'ils faisaient cela pour voir ta petite culotte. »

« Je n'ai pas oublié maman. Je l'avais retirée avant ! »

BANCO

Un type est devant une banque. Il se cagoule sort son flingue et entre pour agresser la standardiste. Il lui dit :

« Mène moi au coffre sinon je te tue ! »

Elle s'exécute, lui ouvre le coffre et voilà, ce sont des éprouvettes de sperme.

« Vous voyez bien que ce sont des éprouvettes de sperme! »

Il lui répond :

« Je m'en fous, boit !!! »

Elle, paniquée, boit une, puis deux, puis trois… Au bout d'un certain nombre, elle s'exclame :

« Mais ayez pitié, laissez moi tranquille. Pourquoi faites vous ça ? »

Et lui enlève sa cagoule et lui dit :

« Tu vois chérie, quand tu veux tu peux ! »

SURPRISE

Pourquoi j'ai viré ma secrétaire:

Je me suis réveillé et ce jour-là j'avais 40 ans.

Je ne me sentais pas très bien mais j'espérais que ma femme me souhaiterait un Joyeux Anniversaire. A ma grande déception, elle ne m'a même pas dit bonjour. Et au petit-déjeuner, mes enfants ne m'ont pas parlé.

Au bureau, ma secrétaire m'a dit :

« Joyeux Anniversaire! »

J'étais heureux, car au moins elle s'était souvenue de moi. Mais à ma grande tristesse, mes collègues m'avaient oublié.

A midi, elle m'a proposé :

« Pourquoi ne pas déjeuner ensemble? »

Je me suis dit que c'était la plus belle chose qu'on m'avait proposée aujourd'hui. Nous sommes alors partis prendre un verre et manger ensemble.

Sur le chemin du bureau, elle m'a dit :

« Pourquoi retourner au boulot si tôt un tel jour? On peut passer chez moi. »

Arrivés chez elle, elle m'a offert un verre et m'a dit :

« Cela ne te dérange pas que je me mette à l'aise ? »

J'ai répondu :

« Quelle question ! »

Et dans ma tête je me disais que ça pouvait être une expérience intéressante.

Elle est partie dans sa chambre et est revenue avec un énorme gâteau suivie de ma femme, de mes enfants, de mon patron et de tous mes collègues.

Et moi j'étais comme un con, à poil dans le salon…

PIQUÉE

Une dame blonde, très BCBG qui habite Neuilly, se rend en Porsche Cayenne chez son médecin, Avenue Foch.

Elle rentre dans le cabinet et s'écrie toute affolée :

« Docteur, c'est affreux, j'ai été piquée par une guêpe ! »

« Allons Madame, calmez-vous, ce n'est sans doute pas bien grave. »

« Mais enfin Docteur, vous ne vous rendez pas compte, c'est extrêmement, comment dire… C'est horriblement gênant, voyez-vous. »

« Si vous me disiez d'abord où vous avez été piquée au juste ? »

« Ah ça non, n'y comptez pas, c'est hors de question ! »

« Mais enfin, je suis médecin, je… »

« Non non et non ! C'est bien trop embarrassant. Vous soignez la plupart de mes amies et si l'une d'elles apprenait une chose pareille, je serais la risée de tous dans les prochains dîners mondains. C'est bien simple, je n'oserai même plus sortir de chez moi. »

« Mais enfin Madame, je suis tenu par le secret professionnel, et comment voulez-vous que je vous soigne si j'ignore où cette guêpe vous a piquée ? »

« Docteur, vous me jurez que vous n'en parlerez à personne ? »

« Vous avez ma parole, Madame. »

Alors la dame s'approche de son médecin et, après avoir jeté un rapide coup d'oeil à droite et à gauche pour s'assurer qu'ils sont bien seuls dans la pièce, elle lui murmure tout bas à l'oreille :

« A Leader Price ! »

MARCHAND DE SABLE

Jaques arrive du Mexique à la frontière séparant le Mexique des États-Unis en bicyclette. Il a un gros sac sur ses épaules.

Le douanier l'arrête et lui demande:

« Qu'est-ce que tu as dans ton sac ? »

« Du sable. »

Le douanier, incrédule, lui dit:

« On va voir ça… Descends du vélo. »

Le douanier ouvre le sac et répand le sable qu'il contient sur le sol. Il fouille dedans sans rien y trouver.

« C'est bon, lui dit-il. »

Jaques ramasse le sable du mieux qu'il peut et repart sur sa bicyclette.

Une semaine plus tard, la même chose se produit. Le douanier demande a Jacques :

« Qu'est-ce que tu as dans ton sac cette fois ? »

« Du sable. »

Le douanier, qui n'est toujours pas convaincu, décide de détenir Juan pour la nuit et d'envoyer un échantillon du sable pour analyse. Le lendemain, les résultats révèlent qu'il s'agit bien de sable. Il laisse donc Jaques repartir sur son vélo.

Le petit manège se poursuit tous les deux ou trois jours pendant les quelques années qui suivent.

Finalement, quelques années plus tard, Jaques arrête de traverser la frontière en bicyclette avec son sac de sable.

Un beau jour, alors qu'il est en retraite, le douanier prend ses vacances au Mexique et rencontre Jacques dans un petit bar sur la plage.

« Hé ! Je te reconnais, toi! Tu n'es pas le gars qui traversait la frontière en bicyclette avec un sac de sable ? »

Jaques reconnaît le douanier et lui répond :

« Oui, c'est moi. »

« Qu'est-ce que tu deviens ? lui demande le douanier. »

« Je me suis acheté ce petit bar et je vis tranquillement, répond Jaques, et toi ? »

« Écoute, je suis à la retraite et je n'ai plus aucun pouvoir. Je voudrais bien savoir une chose. Je n'ai jamais arrêté de penser à ça depuis que je t'ai vu la première fois. Juste entre toi et moi, tu faisais de la contrebande ? »

Jaques esquisse un petit sourire et répond:

« Oui, et c'est comme ça que je me suis acheté ce bar. »

Le douanier s'approche un peu et demande à voix plus basse :

« Et qu'est-ce que tu passais frauduleusement aux douanes ? »

« Des bicyclettes. »

ROULÉS

Quatre étudiants à la FAC, jeunes et feignants, viennent d'apprendre qu'ils auront un examen important le lendemain. Dégoutés d'être prévenu si tard et d'avoir un examen, d'un commun accord, décide de sécher. Le surlendemain, les trois gaillards arrivent en cours, vont voir leur professeur et disent :

« M'sieur, excusez nous, hier on a pas put venir, car on est venu en voiture, et… un pneu a crevé ! »

Le prof compatissant, leur dit gentiment qu'il ne les sanctionneras pas, mais qu'ils devront passer l'examen dans la journée. Ils acceptent et se voient envoyer chacun dans une salle. Mais, à leur grande surprise, l'examen ne comporte qu'une seule question. Voilà ce qu'on peut lire sur leur copie :

1) Quel pneu a crevé ?

VÉRITÉ

Un père achète un robot détecteur de mensonge qui gifle les gens quand ils mentent. Il décide de le tester au dîner :

« Fils, où étais-tu aujourd'hui ? »

« A l'école. »

Le robot gifle le fils.

« Ok, j'ai regardé "Toy story" chez un pote… »

Le robot gifle le fils.

« Ok, c'était un porno. »

« Quoi, à ton âge je connaissais même pas ça ! »

Le robot gifle le père.

La mère rigole:

« C'est bien ton fils ! »

Le robot gifle la mère…

RECORD

« J'ai battu un record ! »

« Ah bon, lequel ? »

« J'ai réussi à faire en 13 jours un puzzle sur lequel il y avait écrit 'de 3 à 5 ans'. »

OUBLIETTES

« Docteur, je perds la mémoire. »

« Ah ? Et depuis quand ? »

« Depuis quand quoi ? »

ECOUTE

Un prisonnier dit à son compagnon de cellule :

« Franchement, si j'avais écouté ma mère, je ne serais pas en prison aujourd'hui. »

« Et que disait-elle ? »

« Je ne sais pas puisque je ne l'ai pas écoutée ! »

SPICIAL

Le président Bouteflika donne une conférence de presse :

« Les Amiricains ont été sur la loune, et pour leur montrer que noutre pays prougresse, on va aller sur le souleil ! »

Une journaliste intervient :

« Mais m'siou ! Si on va sur le souleil on va tous griller comme des merguez ! »

Le président:

« On va y aller la nuit, ispice di counasse! »

LA GROSSE

Julie et Hanna sont au restaurant.

Elles commandent deux parts de gâteau : dans le plat, il y en a une grosse, et une petite. Julie prend la grosse part et laisse la petite pour son amie. Celle-ci s'énerve :

« Qu'est-ce que tu peux être impolie ! A ta place, j'aurai pris la petite part et je t'aurai laissé la grosse ! »

Julie répond, étonnée:

« Qu'est-ce qui te dérange ? Tu l'as eue, ta petite part ! »

FOUDROYANT

Une femme regarde en souriant son mari qui tente de planter un clou pour accrocher un tableau :

« Tu sais chéri, ton marteau est comme la foudre ! »

« Tu veux dire qu'il est aussi rapide que l'éclair ? »

« Non, c'est juste qu'il ne frappe jamais deux fois au même endroit. »

PATATE

Deux pommes de terres veulent traverser la route.

La première traverse ; elle se fait écraser.

L'autre s'exclame:

« Oh purée! »

VUE IMPRENABLE

C'est Jésus qui est sur la croix. Il dit à Marie :

« Pierre ! Je veux voir Pierre ! »

Marie accoure vers Pierre et lui dit que Jésus veut le voir immédiatement. Pierre commence à traverser la foule quand un garde romain le voit. Le garde dit à Pierre :

« Je te reconnais toi ! Tu es l'ami de Jésus ! »

Le romain lui coupe alors un bras et le laisse repartir.

Jésus crie toujours :

« Pierre ! Pierre vient ici ! »

Pierre continue à avancer vers Jésus. Un deuxième romain le voit et lui dit :

« Hé, hé, hé ! Je te reconnais toi ! Tu es l'ami du gars sur la croix ! »

Le romain lui coupe alors l'autre bras et le laisse repartir. Jésus gueule :

« Pierre ! Pierre ! »

Pierre continue à avancer vers Jésus.

Un troisième romain le voit et lui dit :

« Hé! Toit-là ! Je te reconnais toi ! Tu es l'ami de ce gars-là! »

Le romain lui coupe alors une jambe et le laisse repartir. Pierre continue à avancer par terre en se traînant avec sa seule jambe. Il arrive devant Jésus et lui demande :

« Que voulez-vous Maître ? Je suis là ! »

Jésus lui dit :

« Pierre ! Je vois ta maison d'ici ! »

ESCROC

Un vendeur de journaux parcourt les rues en criant :

« Une astucieuse escroquerie : cent trente-sept victimes ! »

Alléché par cette annonce, un promeneur l'arrête et lui achète un exemplaire. Aussitôt, le porteur de journaux reprend son chemin, en criant :

« Une astucieuse escroquerie : cent trente-huit victimes ! »

PIÈCE

Un mendiant arrête un passant :

« Pardon, m'sieur, vous n'auriez pas perdu votre portefeuille par hasard ? »

Le passant tâte la poche de son veston et répond :

« Mais non, heureusement ! »

« Ben alors, vous allez pouvoir me donner une petite pièce. »

REMONTANT

Une belle-mère tombe dans un puits.

Son gendre arrive et lui lance une bouteille de whisky en ricanant :

« Tenez, buvez ça, ça vous remontera ! »

TIR

C'est un vieil homme de 80 ans qui va chez le docteur pour un examen annuel. Ce dernier lui demande comment vont les choses.

« Je suis en pleine forme, je sors avec une jeune femme de 18 ans, et je l'ai mise enceinte. Qu'est-ce que vous pensez de ça, docteur ? »

« Laissez-moi vous raconter une histoire, dit le docteur. C'est une histoire vraie : J'ai un ami qui est un passionné de chasse, il n'a jamais manqué une saison. Un jour, alors qu'il s'en allait chasser et qu'il était pressé, il se trompa et au lieu de prendre son fusil, il prit son parapluie. Au coeur de la forêt, il aperçoit un grizzly qui fonce sur lui. Il saisit son parapluie, l'épaule et appuie sur la poignée. Savez-vous alors ce qu'il s'est passé ? »

« Non. »

« Eh bien, le grizzly tomba raide mort à ses pieds. »

« C'est impossible, s'insurgea le vieillard. Quelqu'un a dû tirer à sa place !!! »

« C'est là où je voulais en venir … »

BANG

Une chauve-souris vampire entièrement couverte de sang revient en zigzaguant à sa grotte et s'accroche la tête en bas pour se reposer un peu. Réveillées et attirées par l'odeur du sang, les autres chauves-souris la harcèlent pour savoir où elle en a trouvé. Mais la pauvre chauve-souris n'a qu'une envie : se reposer. Toutefois, devant l'insistance de ses congénères, la chauve-souris vampire encore toute ensanglantée accepte de leur montrer l'endroit. Après quelques minutes d'un vol rapide et silencieux dans la nuit noire, le groupe de chauve-souris arrive enfin à l'orée d'une forêt. Elles y pénètrent et à l'entrée d'une clairière, la chauve-souris vampire ensanglantée annonce :

« Voilà, nous y sommes ! Vous voyez cet arbre là-bas ? »

« Oui ! Oui ! » répondent toutes les chauves-souris vampires affamées et avec déjà l'eau à la bouche.

Et la chauve-souris maculée de sang de poursuivre :

« Et ben moi, je l'avais pas vu… »

COIFFEUR AVEC COIFFE

Un punk entre dans un salon de coiffure et s'assoit à côté d'une bonne soeur… Après l'avoir dévisagée, il lui demande si elle ne voudrait pas faire l'amour avec lui ! Horrifiée, la soeur se lève et quitte immédiatement le salon.

Le coiffeur, témoin de la scène, dit au punk :

« Si tu veux sérieusement coucher avec elle, je connais un moyen infaillible. Rend-toi au cimetière à minuit et fais-toi passer pour Dieu, elle ne pourra pas résister. »

Le punk se rend donc à minuit au cimetière, déguisé d'un grand drap blanc et d'une barbe. La religieuse est effectivement là, en train de prier. Le Punk surgit soudain et lui dit :

« Je suis Dieu ! Si tu souhaites vraiment que tes prières se réalisent, tu dois t'unir à moi en couchant avec moi. »

Après un petit moment de réflexion, la religieuse lui dit :

« D'accord, mais comme je tiens à demeurer vierge, faites ça par l'arrière. »

Alors le punk, tout heureux, prend la soeur et la sodomise. Puis, tout de suite après, fier de lui, il se lève, enlève le drap et son déguisement et dit à la religieuse en ricanant :

« Ah ! Ah ! Coucou ! Je ne suis pas Dieu ! C'est moi, le punk ! »

Alors la soeur enlève son voile et dit :

« Ah ! Ah ! Coucou ! Je ne suis pas la religieuse ! C'est moi, le coiffeur ! »

RECONVERSION

Un agriculteur rencontre un copain :

« Ca y est je me suis reconverti, je suis vitrier maintenant ! »

« Ben dis donc c'est un sacré changement. »

« Ben oui, ma femme ne veut plus que je laboure alors je mastique ! »

CAPOTÉ

« Mon fils de six ans a mis ma secrétaire enceinte. »

« C'est impossible ! Comment s'y est-il pris ? »

« Le petit con a fait des trous avec une aiguille dans tous mes préservatifs ! »

BUS

Dans une rue de la capitale, une superbe blonde, très court vêtue, découvre largement ses cuisses tandis qu'elle pénètre dans un autobus. Une passante indignée dit à son mari :

« Tu ne trouves pas cela honteux, cette façon qu'ont les hommes de regarder le derrière de cette fille qui monte dans le bus ? »

Le mari répond :

« Quel bus ? »

PARI PERDU

Un jour Chuk Norris fit un bras de fer avec Superman ; le perdant devait porter un slip rouge sur son pantalon.

DE PARTOUT !

Un jour Chuck Norris a dit « Va voir la-bas si j'y suis » … et il y était !

PHOTOS

Chuck Norris est en couleur sur les photos Noir et Blanc.

PEUR DU NOIR

Quand il était bébé, les parents de Chuck Norris venaient dormir dans son lit quand ils avaient peur.

SOMMEIL

Chuck Norris a un jour avalé un paquet entier de somnifères. Il a cligné des yeux.

TEMPS

Chuck Norris ne porte pas de montre. Il décide de l'heure qu'il est.

DATE DE NAISSANCE

Jesus Christ est né en 1940 avant Chuck Norris.

MOUILLE

Chuck Norris ne se mouille pas, c'est l'eau qui se Chuck Norris.

INFINITÉSIMAL

Chuck Norris a déjà compté jusqu'à l'infini. Deux fois.

LUMIÈRE

Dieu a dit :

« Que la lumière soit ! »

Et Chuck Norris répondit :

« On dit s'il vous plait. »

POMPE AFRIQUE

Un ministre africain vient en voyage officiel en France, et se fait inviter à diner chez son homologue français. En voyant la somptueuse villa de ce dernier, et toutes les toiles de maitre aux murs, il lui demande comment il peut bien s'assurer un tel train de vie avec sa paye somme toute modeste de serveur de la République.

Le français l'entraine près de la fenêtre :

« Vous voyez l'autoroute là-bas ? »

« Oui. »

« Elle a couté vingt milliards, l'entreprise l'a facturée 25 et m'a versé la différence. »

Deux ans plus tard, le ministre français est en voyage officiel en Afrique et rend visite à son homologue. Quand il arrive chez lui, il découvre un palais comme il n'en avait encore jamais vu. Stupéfait, il demande :

« Mais je ne comprend pas, il y a 2 ans vous trouviez que j'avais un train de vie princier, mais par rapport à vous… »

Le ministre africain l'entraine près de la fenêtre :

« Vous voyez l'autoroute là-bas ? »

« Non… »

« Ben voila. »

CHAMPAGNE

Quelle est la différence entre un bon champagne et Bill Clinton ?

Un bon champagne a une fine appellation, alors que Bill Clinton a une pine à fellation.

DÉFINITION

Jospin se promène à l'Élysée. Soudain, il rencontre Chirac au détour d'un couloir. Le Président salue le Premier ministre et, s'approchant comme pour une confidence, lui dit :

- « Embrayage », puis s'éloigne.

Plusieurs fois dans la journée, Jospin croise Chirac et ce dernier, à chaque fois, lui glisse :

« Embrayage. »

De retour chez lui, fortement intrigué, Jospin cherche à comprendre. Pourquoi le Président lui dit-il « embrayage » ? Pour en avoir le coeur net, il saisit le dictionnaire et cherche ce mot. Il trouve bientôt :

Embrayage, n.m.: pédale de gauche.

QI

C'est l'histoire d'un mec complètement idiot, mais un jour il voulait devenir super intelligent.

Tandis qu'il regardait la télé, il voit une pub : « Le docteur Ouf vous rend intelligent ». Sautant sur l'occasion, il alla chez le docteur Ouf.

« Bonjour docteur Ouf, je voudrais devenir super intelligent ! »

« Ok ! Pas de problème. Installez-vous dans la machine qui rend intelligent. »

L'idiot s'installa dans la machine qui rend intelligent.

Le docteur va au tableau de commande de la machine et touche plein de boutons, puis il dit :

« Vous voulez combien de QI ? »

« Je ne sais pas, le plus possible. »

Le docteur tourne la molette pour augmenter le QI, 50, 100, 150, 200, 300… 500.

A la fin de l'opération, un nuage de fumé envahi la salle. La fumé se dissipa. Et l'idiot n'était plus un idiot. Il sorti en remerciant le docteur.

Dans les semaines suivantes l'idiot avait résolu un tas de théorème extrêmement compliqué. Mais il se sentait seul. Il retourna voir le docteur et lui dit :

« Je veux redevenir idiot ! »

« Vous avez de la chance, je viens d'installer une option sur ma machine ce matin. Ma machine peut rendre idiot maintenant. Installez-vous dans la machine. »

Il s'installa dans la machine. Le docteur vas au tableau de commande de la machine et touche a pleins de boutons, puis il dit :

« Vous voulez combien de QI ? »

« Je sais pas, comment avant ! »

Le docteur tourne la molette pour diminuer le QI : 500, 450, 400… Puis la machine s'emballa, elle était hors du contrôle du docteur. De la fumé envahi la salle.

300, 200, 100, 50, 25, 0…

Puis la fumé disparue.

Et le docteur voit son homme qui lui dit :

« Bonjour, gendarmerie nationale, vos papiers, s'il vous plait. »

FÊLÉ

L'hôpital a embauché un nouveau psychiatre. Il vient de terminer son premier mois et est invité par ses collègues au restaurant. Comme il a l'air déprimé et abattu, les autres lui demandent ce qui le préoccupe. Il leur répond :

« Franchement les gars, je ne sais pas comment vous y arrivez. Moi je débute et j'ai beaucoup moins de patients que vous, et pourtant vous êtes tout fringants alors que je suis devenu une vraie lavette… Comment faites-vous pour ne pas devenir neuneu ou avoir le moral a zéro a force d'écouter toutes leurs salades ? »

Et les autres lui répondent :

« Ah ben ça évidemment, si tu les écoutes… »

###

A PROPOS DE L'AUTEUR

Serge Bouchard est né au cours du millénaire dernier, à une ère où le poste de télévision et le combiné de téléphone portable n'avaient même pas encore été inventés. Aussi, pour s'amuser et faire passer le temps, il fallait se raconter des blagues. C'est probablement ainsi que lui est venue la vocation. Et des conneries, Serge en a faites – des énormes – et il en a dites de plus grosses encore.

Par la suite, il a parcouru le monde, perfectionnant continuellement son art. Il parti d'une plaine du Vercors, où il en abreuva pendant un temps les autochtones, métier qui lui valu son appellation non contrôlée de bistrologue. Se pérégrinations l'emmenèrent de l'Asie – où il y inspectera les us et coutures – à l'Amérique du Sud, où il exploitera une mine de pierres précieuses, sans oublier Tahiti, où l'on ne sait pas vraiment ce qu'il y a fait ; rien ne l'arrête, à part peut être une poignée de petits hommes bleus. Mais là, c'est une autre histoire !

Maintenant, Serge s'offre un repos bien mérité au soleil, avec sa femme Mamie qui lui confectionne de bons petits plats, et sa goutte qui lui cause toujours bien du soucis.

Auteur : Serge Bouchard - Édité par Yvan C. Goudard
Une Publication de Rhetorical Ratatouille
© 2013 Rhetorical Ratatouille
Tous droits réservés

Découvrez Rhetorical Ratatouille sur
http://www.rhetorical-ratatouille.com

Printed in Great Britain
by Amazon